SAINTES

ET

SES MONUMENTS

GUIDE DU VOYAGEUR

Par M. Louis AUDIAT

Deuxième Édition

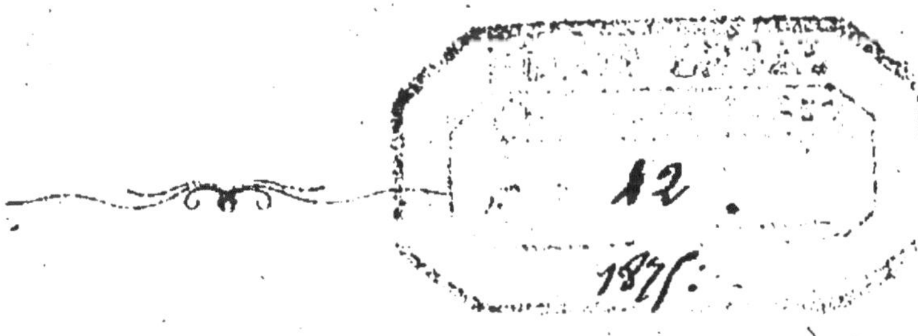

SAINTES

CHEZ LES LIBRAIRES

SAINTES

ET

SES MONUMENTS

SAINTES

ET

SES MONUMENTS

GUIDE DU VOYAGEUR

Par M. Louis AUDIAT

Deuxième Édition

SAINTES

CHEZ LES LIBRAIRES

PRÉFACE

C'est pour les étrangers que nous avons écrit ces pages ; ils sont bien aises, quand ils arrivent à Saintes, de trouver un Guide qui leur signale les points à visiter, et qui appelle leur attention sur les monuments divers. L'ouvrage a existé. Victor Vallein, en 1841, a composé le Guide du Voyageur à Saintes. *C'est une histoire de Saintes, extraite de l'*Histoire de la Saintonge, *de Daniel Massiou, avec ses erreurs et ses lacunes, et suivie de petites notices sur chaque édifice. L'opuscule aujourd'hui est presque épuisé. M. l'abbé Lacurie, en 1864, a publié une* Monographie de la ville de Saintes, *qu'il a divisée en deux parties :* Histoire *et* Archéologie, *où les récits dominent sur les descriptions.*

Il faut lire cette brochure. Notre savant antiquaire l'eût rendue importante, s'il avait voulu prendre la peine de la faire et de l'écrire. On y puisera cependant beaucoup de faits intéressants.

Notre but a été, non pas de remplacer ces deux ouvrages, mais de fournir aux visiteurs un moyen commode et rapide de savoir ce qu'ils doivent connaître et voir dans la ville. Chaque monument est indiqué, avec quelques mots d'histoire et de description. Cette note brève sera suffisante pour ceux qui ne veulent que jeter un coup d'œil ; elle signalera aux autres ce qu'ils devront étudier. Un touriste n'a pas le temps de lire les in-folios ou les histoires en six tomes, et ne peut même charger ses poches de deux ou trois volumes. D'autre part, les Guides-Joanne, en général bien faits, sont un peu trop succints pour chaque localité. Ces quelques pages tiendront le milieu entre trop et trop peu.

Je m'assure que bon nombre d'habitants trouveront peut-être quelque chose à apprendre ici, sur une ville qu'ils voient tous les jours; on remet si facilement au lendemain à apprendre sa propre histoire! Nous nous sommes attaché à rappeler surtout les faits ignorés ou peu connus. L'histoire progresse, parce que tous les jours on découvre du nouveau, et que, dans cette province surtout, il y a beaucoup à découvrir. Les monuments restent un peu les mêmes, surtout si on ne les dénature pas ou qu'on ne les change pas trop souvent de place. De là, plus d'uniformité dans les descriptions. Nous nous sommes presque absolument interdit l'éloge et le blâme, ne voulant pas imposer nos admirations ou nos critiques; le lecteur n'a besoin que d'être averti; il jugera par lui-même.

SAINTES

La ville de Saintes, MEDIOLANUM SANTONUM, SANTONÆ, *Sainctes*, *Xainctes* et *Xanthe*, est bâtie sur un coteau qui descend jusqu'à la Charente. Vue des collines opposées, ou même de la voie ferrée qui parcourt la vallée, elle présente le plus gracieux aspect, avec ses maisons étagées sur les flancs de la colline, perdues dans la verdure des arbres qui semblent faire à chaque toit un rempart ombragé.

C'est une des plus vieilles cités de la Gaule. Elle était, avant la conquête de César, la métropole de différentes tribus connues sous le nom de *Santones*. Les restes de dolmens ou de monuments celtiques qu'on trouve çà et là dans la Charente-Inférieure, attestent son importance; et les ruines nombreuses et remarquables des établissements romains prouvent qu'à l'époque gallo-romaine, elle était une des premières cités de la Gaule, après les grandes capitales Bordeaux, Lyon, Marseille. La Rochelle est du XIe siècle, Saint-Jean d'Angély du VIIIe; Rochefort date de Louis XIV. Saintes perd son origine dans l'époque pré-historique. La ville romaine s'étendait sur le plateau qui domine la ville moderne. Les débris romains de puits, de maisons, d'aqueducs, de canaux, d'égouts, vases, tuiles, sépultures, l'attestent.

Dès le IVe siècle pour résister aux Barbares, Saintes s'environna d'une enceinte fortifiée composée d'une muraille épaisse et de vingt-quatre tours. Les restes de la dernière tour ont disparu en 1874, dans la construction du mur nord de clôture de l'établissement des Dames de la Providence sur le Champde-Foire ; et dans les fondations pour le Café des Colonnes, la même année, on a retrouvé les assises de ce rempart, chapiteaux, fûts cannelés, cippes, pierres ciselées, provenant des édifices païens. La population alors descendit un peu vers le fleuve. Alors s'élevèrent les monuments religieux : Saint-Pallais, Saint-Pierre, Saint-Eutrope, édifices primitifs disparus depuis longtemps et remplacés. Alors vécurent les évêques saint Pallais, saint Vivien, qui de comte de Saintes devenu moine, fût évêque ; saint Trojan, saint Léonce, saint Concorde, saint Dizant, saint Froult, qui sont honorés dans le pays ; saint Malo, évêque d'Aleth, qui avait dans un faubourg son église sous le nom de Saint-Macout. L'évangile avait été prêché au Ier siècle par saint Eutrope, envoyé dans les Gaules par saint Pierre ou certainement par saint Clément, et qui fut assassiné par les idolâtres.

Une des plus grosses tours était la tour Montrible, qui défendait sur le pont l'entrée de la ville. Une autre était à la porte Aiguière, *Porta Aquaria*, par où l'on allait à la Charente. C'était là que l'évêque, avant d'être reçu dans la ville, jurait sur les Évangiles de respecter les priviléges, droits, prééminences et prérogatives de la cité. (Voir les *Entrées épiscopales à Saintes*).

Le Bastion, d'où l'on a une vue si belle sur la ville, protégeait encore Saintes au nord. La citadelle s'élevait sur la hauteur occupée aujourd'hui par le couvent de la Providence et l'hôpital général. Au pied sud des jardins de l'hôpital on voit encore l'ancien rempart et l'ancien fossé; le rempart a été réparé pour la dernière fois sous Henri IV. Le fossé a une belle source qui alimente la pompe de la place Blair et qui fut trouvée quand on creusa les fondations pour la porte Saint-Louis.

De la place Blair on a un beau et calme paysage. La vue s'étend sur la prairie parcourue par la Charente, et sur les petits castels de Disconche, de l'Epineuil, du Ramet. Elle a été créée par l'intendant de Blair de Boisemont, dont elle a gardé le nom. Le cours Reverseaux a pris aussi son nom du dernier intendant de La Rochelle, qui, porté d'une vive affection pour Saintes, lui avait créé ses grandes routes, ses quais, sans compter le desséchement de nombreux marais qui ont rendu à la culture 64 mille arpents de terre. Guéau de Reverseaux avait fait de beaux projets pour Saintes : il lui aurait donné, entre autres, un pont dont tous les plans et même les pierres étaient prêts, sans la Révolution, qui le chassa puis le guillotina, et retarda jusqu'à 1875, la construction du pont de pierres projeté en 1786.

Saintes a quatre faubourgs : Saint-

Pallais, de l'autre côté de l'eau, où se trouvent l'Arc de Triomphe, la statue de Palissy, le Haras, la gare du Chemin de fer, l'église Saint-Pallais, et la Caserne d'infanterie, jadis Abbaye royale de Bénédictines ; le faubourg Saint-Macoult, le faubourg Saint-Vivien, où l'on peut voir l'église Saint-Vivien, le Cimetière, des ruines romaines à Saint-Saloine, l'Hôpital de la marine, ancien séminaire, et le faubourg Saint-Eutrope, qui possède l'église Saint-Eutrope et les Arènes.

Il y a eu en monuments religieux les Cordeliers, sur la place où s'élève le Palais de Justice ; les Récollets, sur le quai qui porte leur nom ; les Jacobins, près de l'ancien Tribunal ou Palais-Royal ; la chapelle des Jésuites au Collége ; la chapelle de la Charité des Frères de Saint-Jean-de-Dieu, démolie en 1875, près de l'Hôtel-de-Ville ; celle des Carmélites, qui subsiste encore dans l'établissement de la Providence ; celle des Notre-Dame, dans la rue de ce nom ; celle du Palais-Royal, qui sert de classe pour l'école communale ; de l'hôpital général Saint-Louis, etc. Avant la Révolution, il y avait à Saintes sept paroisses : Saint-Pierre, Saint-Maur, Sainte-Colombe, Saint-Michel, Saint-Pallais, Saint-Eutrope, Saint-Vivien, et plus anciennement Saint-Maurice, Saint-Macout, Saint-Frion ; quatre Hôpitaux, un Collége tenu par les jésuites, un Présidial, une Élection, une Sénéchaussée réunie au Présidial à la fin du XVIe siècle (le sénéchal avait 50 livres de gage par an), une Juridiction consulaire, une Maréchaussée, un Jardin botanique, une École de chirurgie, un Évêché, un Chapitre composé de 24 chanoines dont quatre dignitaires, présidé par un doyen, etc.

Saintes aujourd'hui a Tribunal civil et Tribunal de commerce, Cour d'assises, deux Justices de Paix, Sous-Préfecture, quatre Paroisses, un Temple, un Collége et deux Pensions pour les jeunes gens, pour les jeunes filles deux Pensionnats religieux, un Pensionnat protestant, plusieurs Écoles, deux Salles d'asile, une Commission des Arts chargée de veiller à la conservation des vieux monuments, une Société des Archives historiques, qui publie des textes inédits relatifs à la province, quatre Journaux politiques, un Haras, Sociétés de secours mutuels, un Comice agricole, etc.

Saintes, fort jolie et fort agréable petite ville, n'a pas eu un rôle bien éclatant ni dans le passé, ni dans le présent. Heureux les peuples qui n'ont pas d'histoire! Séjour préféré des bourgeois et des rentiers, elle n'à jamais eu de grande industrie ni déployé une activité puissante. Population douce et paisible. Le procureur général au parlement de Rennes, Caradeuc de la Chalotais, y habita quelque temps, exilé par une lettre de cachet. Mme Fouquet, après la disgrâce du surintendant, y vint chercher un asile. Les femmes, en 1652, y firent leur Fronde, à l'exemple des belles duchesses de Longueville et de Chevreuse. Le roi fut obligé d'en prier plusieurs de s'éloigner quelque temps. La ville avait été prise après un siége en règle dirigé par le duc de Montausier, qui avait ruiné Saint-Vivien et enfumé les soldats de Condé dans le clocher de Saint-Eutrope, épisode plus au long raconté dans la *Fronde en Saintonge*.

Ce n'est pas ici le lieu de faire l'histoire de Saintes. On la trouvera dans les ouvrages spéciaux. Nous jetterons tout simplement un coup d'œil sur ses principaux monuments, coup d'œil rapide, superficiel, qui ne dispensera pas d'un examen approfondi, et d'une étude plus longue dans les écrits particuliers, ou plus vastes : *Histoire de la Saintonge*

et de l'Aunis, *Histoire de l'Église santone*, *Saintes au XVIe siècle*, sans compter ceux qui sont mentionnés dans cet opuscule.

MONUMENTS DÉTRUITS

« Des nombreux monuments qui décoraient autrefois l'antique *Mediolanum Santonum*, dit M. Jules Marion, et qui avaient valu à Saintes la réputation d'être une des villes de France les plus riches en constructions romaine, aucun n'est resté debout, » sauf les Arènes. Les édifices élevés par les conquérants furent démolis et leurs débris jetés dans les fondations des remparts qui ceignirent la ville au IVe siècle ou bien dans les murs de la citadelle, où on les a retrouvés.

Les Thermes, découverts au nord de la ville sur la rive gauche de la Charente, et décrits par Chaudruc de Crazannes dans ses *Antiquités de la ville de Saintes*, p. 42, n'existent plus qu'à l'état de souvenir. L'Hypogée, qui régnait sous la maison du Coteau, au milieu du vallon qui conduit à l'Amphithéâtre, a été obstrué, comblé. L'Aqueduc, dont on retrouve des traces sur les communes de Fontcouverte, Vénérand, Ecoyeux, Le Douhet, et dont on peut suivre le parcours, ne présente plus maintenant que quelques arcs qui servaient à lui faire franchir la vallée de Foncouverte. Le Capitole a donné son nom a une petite place, si tant est qu'il y ait eu un Capitole ; car, malgré l'affirmation de M. Lacurie, répétant Daniel Massiou : « L'existence d'un Capitole dans la ville principale des Santons ne peut être révoquée en doute, » il faut bien reconnaître que Saintes n'a jamais eu de Capitole. Mais Saintes a eu un Arc-de-Triomphe et des Arènes.

ARC-DE-TRIOMPHE

L'Arc, qui n'a jamais été un Arc-de-Triomphe, s'élevait au milieu de la rivière, encastré dans un pont, près de l'endroit où il se montre aujourd'hui. En 1841, on songea, pour se mettre au niveau du progrès, à avoir sur la Charente un pont de fils de fer suspendu, plus léger, plus beau que cet affreux pont du Moyen-Age construit par Isambert, maître-école de Saintes, le même que Jean Sans-Terre avait chargé (18 avril 1202) d'élever celui de Londres. L'inspecteur général des Antiquités de France, Prosper Mérimée, fut envoyé à Saintes par le ministre de l'intérieur. On voulait bien condamner à mort le pont du XIIe siècle, mais on tenait à sauver l'Arc romain. On le démolit donc, et on l'alla construire en pierres nouvelles un peu plus loin. Dépenses : 79,788 fr. 66 centimes.

Ce monument a été bien souvent décrit depuis Mahudel, en 1715, jusqu'à Victor Vallein, en 1841. Blondel en a donné une vue dans son *Cours d'architecture ;* Montfaucon, dans son *Antiquité expliquée ;* La Sauvagère, dans son *Recueil d'Antiquités,* d'après un dessin d'Adam, chanoine de Saintes. La description en a été faite en outre par Bourignon, Massiou, Chaudruc de Crazannes, M. Lacurie. L'*Épigraphie santone,* en 1870, a reproduit les inscriptions qui s'y trouvent actuellement.

Cet Arc, dédié à Germanicus, à Tibère, à Drusus, est un pan de mur à deux faces semblables avec deux retours. Le mur est épais de 10 pieds, large de 45. Il avait de la base des pilastres jusqu'à l'attique 38 pieds, et reposait sur un stéréobate ou piédestal continu de 21 pieds. Au sommet était un mur mince, de six pieds de hauteur établi tout autour sur la moitié de la saillie de la corniche de l'attique et percé d'embrasures et de créneaux. Ce devait être quelques fortifications destinées à défendre l'entrée du pont. Une pièce de zinc protége aujourd'hui le monument contre la pluie. Mahudel trouvait que l'architecture n'avait aucun profit à tirer de l'examen d'un ouvrage où il y a tant de défauts ; que les portes sont trop écrasées, les archivoltes trop larges, les impostes trop petites, les colonnes sans proportions. La Sauvagère au contraire, qui l'avait, du reste fort étudié, dit, après l'avoir minutieusement mesuré et décrit : « Je regarde l'Arc-de-Triomphe de Saintes comme un des plus beaux morceaux d'architecture que nous devions aux mains des maîtres de l'univers. Il réunissait l'élégance à la solidité, et le cas qu'en faisait le célèbre Blondel suffit pour l'éloge de ce monument. »

Diverses hypothèses ont été émises

sur la position de ce pont au milieu du fleuve. Il avait été très certainement construit sur une voie romaine, à l'entrée de la ville et sans doute à l'extrémité d'un pont. Les divers cours d'eau qui sillonnaient la vallée s'étant réunis à la Charente, le lit du fleuve s'est agrandi ; il a fallu joindre le faubourg au pont par un autre pont ; et l'Arc-de-Triomphe s'est trouvé entre deux ponts, au milieu de la Charente. Les arches du côté du faubourg ont été réparées en 1553 par Lecornu de la Courbe, évêque de Saintes, et en 1665, aux frais d'un autre évêque, Louis de Bassompierre, par l'illustre architecte François Blondel. Chargé par Louis XIV de travaux à Rochefort, Blondel préludait par le pont de Saintes à la construction de la porte Saint-Bernard et de la porte Saint-Denis à Paris.

STATUE DE PALISSY

Près de l'Arc-de-Triomphe, sur la place Bassompierre, ainsi nommée de l'évêque de Saintes, Louis de Bassompierre, fils du maréchal, qui avait fait réparer les ponts et qui fut un des plus remarquables prélats de l'évêché Santon, on voit une statue de marbre blanc sur un piédestal de pierre de Saint-Vaize ; c'est Bernard Palissy.

Palissy, l'inventeur des rustiques figulines du roi et de la reine-mère, potier, géologue, chimiste, arpenteur-géomètre, conférencier, né dans le diocèse d'Agen en 1510, mort à Paris en 1590, a fait un long séjour à Saintes, d'abord au Quai des Roches, puis sur le Quai des Récollets, à l'endroit où est placé aujourd'hui le café de la Couronne, dans une des tours de la ville que l'échevinage lui avait cédée pour l'agrandissement de son œuvre. C'est là qu'il découvrit l'émail, au prix de longues années de recherches, de tâtonnements, de misères. Sa vie a été racontée en un volume par M. Louis Audiat, *Bernard Palissy, étude sur sa vie et ses travaux*, couronnée par l'Académie française; un volume in-12, chez Didier.

C'est en 1864, au mois de janvier, qu'on se remit à vouloir rendre au grand artiste un hommage public. Après quatre années de quêtes et d'efforts, Palissy se dressa sur son piédestal, le 2 août 1868. Le monument a coûté 21,000 francs. Les détails, chiffres, etc., sont contenus dans le discours prononcé le jour de l'inauguration par le secrétaire de la Commission, M. Audiat. Le piédestal est dû à M. Brouty, architecte; la statue de marbre est l'œuvre de M. Ferdinand Taluet, élève de David d'Angers. Palissy est debout dans la position d'un homme qui marche en réfléchissant, symbole à la fois de l'action et de la méditation. C'est une bonne statue, mal placée.

Sur le piédestal qui regarde la route, on a gravé :

A
BERNARD PALISSY
MDX-MDXC
LA VILLE DE SAINTES
ET LA SAINTONGE
MDCCCLXVIII

qui indique que l'érection de la Statue de Palissy, né en 1510, mort en 1590, a eu lieu en 1868, à l'aide des souscriptions de la ville de Saintes et du département. Sur le côté opposé, qui fait face à l'Arc-de-Triomphe, il y a les titres des deux ouvrages du potier écrivain : d'abord :

RECEPTE VÉRITABLE

par laquelle tous les hommes de France pourront apprendre à multiplier et à augmenter leurs thrésors...

par maistre Bernard Palissy, ouvrier

de terre et inventeur des rustiques figulines du Roy et de Monseigneur le duc de Montmorency, pair et connestable de France, demeurant en la ville de Xaintes. La Rochelle, en l'imprimerie de Barthélemy Berton. »

MDLXIII

Puis :

DISCOURS ADMIRABLES

de la nature des eaux et fontaines, tant naturelles qu'artificielles, des métaux, des sels et salines, des pierres, des terres, du feu et des émaux... plus un traité de la marne...

par M. Bernard Palissy, inventeur des rustiques figulines du Roy et de la Royne sa mère, a très haut et très puissant sieur Anthoine de Ponts... A Paris, chez Martin le jeune. »

MDLXXX

et non pas 1582, comme on a mis par erreur sur la pierre.

LES ARÈNES

L'Amphithéâtre, *vulgo* les Arènes, voilà les seules ruines un peu remarquables qui restent. Elles sont d'un effet charmant dans le paysage, dominées par le haut clocher de Saint-Eutrope. Il faut surtout les voir par un beau clair de lune. Elles auraient une grande valeur archéologique, si elles étaient déblayées et paraissaient dans toute leur majesté. Dans cet étroit vallon enfermé de toutes parts par de riantes collines, l'Amphithéâtre pouvait contenir 21,000 spectateurs, d'après M. Moufflet qui a tout mesuré. Il avait dans son pourtour 74 arcades d'inégale dimension, un seul étage de voûtes inclinées vers l'arène et une précinction divisée en neuf rangées de gradins circulaires. Neuf arcades sont encore debout à l'est ; celle du milieu plus haute, plus large que les autres, servait probablement d'entrée ; elle supporte une longue voûte inclinée vers l'arène sur l'extrados de laquelle on distingue des gradins. Une arcade semblable, au côté opposé, est enfouie maintenant ; c'est la cave d'une maison particulière. Au nord, arcades et voûtes sont recouvertes de terre ; on les reconnaît pourtant et l'on en suit le développement. En dehors, règne une terrasse fermée par un mur destiné à soutenir les terres du coteau. Au sud, l'enfouissement a été considérable ; des maisons ont été bâties, des jardins cultivés.

L'Amphithéâtre a la forme elliptique ; il a 133 mètres dans la longueur du grand axe, et 108 dans celle du petit ; le grand axe de l'ellipse intérieure a 80 mètres de longueur, et le petit, 56. La grande ellipse offre donc un développement de 378 mètres 62, et la petite, intérieure, 213 mètres 70. La surface de l'arène mesure environ 3,632 mètres carrés ou 36 ares 32 centiares. On voit encore des traces des *caveæ* dans lesquelles on enfermait les bêtes féroces avant le spectacle. On peut gravir les escaliers qui conduisaient à la partie supérieure de l'édifice. Il y a une sorte de couloir large d'un mètre environ, couvert de dalles épaisses, qui paraît plonger parallèlement dans l'épaisseur de l'enceinte appuyée au côteau nord. Qu'est-ce? Un conduit d'aqueduc, a-t-on dit, fournissant de l'eau pour les naumachies. Or, le conduit n'a que 4 à 5 mètres de longueur, et se termine à ses deux extrémités par un mur appareillé comme le reste de l'édifice. Puis y a-t-il eu des naumachies à Saintes? La chose est fort douteuse, vu l'impossibilité d'obtenir instantanément une quantité d'eau suffisante pour faire naviguer des vaisseaux, l'absence d'un château d'eau fort considérable dont on n'a jamais vu de traces ni de mention, et les difficultés d'écouler l'eau, le niveau de l'arène étant le niveau de la Charente sinon au-dessous.

Il y a bien une fontaine aux Arènes ; c'est un suintement des terres. La légende raconte qu'Eustelle, fille du gouverneur de Saintes, convertie au christianisme par saint Eutrope, était recherchée en mariage. Mais elle avait résolu de se consacrer à Dieu; et un jour qu'on la pressait plus fort, elle frappa du pied la terre; la source jaillit. Depuis ce temps, au 21 mai, fête de sainte Eustelle, les jeunes filles qui veulent un époux viennent le matin prier à cette fontaine et y jettent deux épingles. Si ces épingles tombent au fond en croix, le mariage aura lieu dans l'année.

En 1847, la ville de Saintes vota 6,000 francs pour l'acquisition de l'Amphithéâtre et les travaux de terrassement à y faire. M. l'abbé Lacurie fut chargé de la direction du travail. En 1860, pour les racheter aux diverses propriétaires qui les occupaient, on réunit 4,850 francs 50, votés par le Conseil général, 3,000 par la Ville, 2,000, don de M. le baron Eschasseriaux, et 1,849 50 de souscriptions particulières, soit 11,700 francs. En 1868, les Arènes étaient devenues propriété de la Ville, et l'on calcula que pour les déblayer il faudrait 35,000 francs.

SAINTE-MARIE

L'Abbaye de Notre-Dame de Saintes, appelée vulgairement Abbaye des Dames, qui a donné son nom au Faubourg Saint-Pallais, a été fondée, en 1047, par Geoffroy Martel, comte d'Anjou. Elle a eu pendant sept siècles trente abbesses, la plupart des premières familles de France, Rohan, Foix, Rochechouart, La Rochefoucauld, Caumont-Lauzun, Parabère. L'église comme le monastère, devenue caserne, appartient au type roman-poitevin du XIIe siècle, et a de grands rapports avec Notre-Dame-la-Grande, de Poitiers, et surtout avec Saint-Nicolas, de Civray. La façade, en forme de carré long, se compose de deux ordonnances superposées dont chacune comprend trois grandes arcades. Dans l'origine elle se terminait horizontalement ; au XVIe siècle on l'a surmontée d'un galbe obtus, retouché au XVIIe.

Le portail est d'une magnificence sans égale. Il y a une profusion inouïe d'arabesques, de feuillages, de personnages, telle que l'artiste semble avoir pris à tâche de cacher la pierre sous le dessin. La grande arcade du rez-de-chaussée a quatre rangées d'archivoltes séparées les unes des autres par de larges cordons d'arabesques découpés à jour; de chaque côté de la porte sont huit colonnes dont les chapiteaux sont couverts de sculptures et supportent huit voussoirs en retrait, reliés entre eux par des rinceaux, des entrelacs, des feuillages et des petits animaux. On voit six anges en adoration devant la main de Dieu au milieu d'un nimbe ; un Agneau pascal nimbé et les quatre symboles des Evangélistes au milieu de feuillages fantastiques ; le massacre des Innocents, les vieillards de l'Apocalypse, tenant d'une main un instrument de musique, viole ou guitare, de l'autre un vase à parfums ; la Cène, où le Christ au milieu des Apôtres tient en main le poisson, son emblême ; l'Enfer, figuré par d'horribles démons qui broient les damnés sous leurs pieds ; sur les chapiteaux des colonnes, la tentation d'Adam et d'Eve ; le Remords représenté par un homme que déchire un vautour ; la Luxure, sous les traits d'une femme enchaînée la tête en bas dont un démon dévore les parties sexuelles. Au-dessus des portails il y avait une large frise ornée de personnages assez grands qui ont été rasés au niveau du mur.

Le long des murs de la nef règne une haute arcature cintrée; c'est sans doute un reste de l'église primitive entreprise au XIe siècle, lorsqu'à la place de l'ancienne communauté le comte d'Anjou établit un monastère de femmes sous la règle de saint Benoît. Il y a eu ensuite des constructions au XIIe, la grande abside, par exemple, avec des voûtes en berceau, ornées de onze fenêtres ou arcatures. Les deux absides voisines sont du XIVe. La coupole du transept est surmontée d'une tour à deux étages fort belle, et aussi fort délabrée, dont M. Viollet-Leduc a donné une gravure et une ample description. L'étage inférieur est carré, orné de trois arcatures sur chaque face; des faisceaux de colonnes flanquent les quatre angles. Le second étage rond, est entouré de grandes arcades cintrées avec des fenêtres. Les chapitaux des colonnes engagées supportent une pyramide qui couronne la tour et dont les pierres imbriquées sont tournées de bas en haut, comme au clocher de Notre-Dame de Poitiers. Ce clocher, aussi riche que le portail, menace ruine. Le sauvera-t-on ?

Ce remarquable monument « une des plus belles pages d'architecture byzantine et l'un des plus beaux fleurons de la ville de Saintes, » dit M. l'abbé Lacurie, était condamné à tomber pour faire place à une caserne de cavalerie. En 1841, Prosper-Mérimée fut envoyé à Saintes. Ludovic Vitet, conseiller d'Etat, Arcisse de Caumont et la Société d'archéologie de Saintes firent de si énergiques efforts, que le monument fut sauvé... pour un moment. En 1847, on lisait dans un journal : « L'église abbatiale de Sainte-Marie est définitivement rendue au culte. MM. les ministres de la guerre et de l'intérieur se chargent de tous les frais, en échange de l'église paroissiale actuelle qui sera détruite. » Et en 1874, sur les instances du Conseil municipal qui envoya pour cet objet une députation à Paris, l'église a été transformée en une caserne d'infanterie.

SAINT-EUTROPE

L'église de Saint-Eutrope a trois parties bien distinctes : la crypte, l'église haute, le clocher. Saint Pallais, évêque de Saintes, avait élevé là, au VIe siècle, une église où il avait déposé le corps de son prédécesseur, saint Eutrope. Ruinée par les Normands, elle ne fut réédifiée qu'au milieu du XIe siècle, date généralement admise. Alors le prieuré de Saint-Eutrope, en 1081, fut donné par Guillaume, comte de Poitiers, aux moines de Cluny qui l'ont possédé jusqu'à la Révolution.

En 1568, les calvinistes la ravagèrent, les tombeaux furent violés ; le tombeau de saint Eutrope, enfoui par les Clunistes, échappa, et si bien qu'on le crut perdu jusqu'à la découverte du 19 mai 1843.

La crypte, une des plus complètes et des plus magnifiques que nous ayons, a en longueur 42 mètres et 3m 85 en largeur ; en hauteur, du rocher servant d'aire à la naissance de la voûte, 2m 75 et 5m 35 sous clef. Elle date à peu près du même temps que l'église haute dont elle reproduit le plan et les dimensions. Autrefois c'était par l'église haute, au moyen d'un magnifique escalier ouvrant dans la nef, avant le transept, qu'on pénétrait dans cette mystérieuse église, souvenir des catacombes. On avait même commencé, il y a quelques années, à rétablir l'entrée primitive au lieu de la porte actuelle d'assez mauvais goût.

Deux rangées de piliers carrés supportant des arcades cintrées, massif de moellons noyés dans un mortier de chaux, partagent cette église en trois nefs d'égale hauteur. Les voûtes, d'une grossière construction, sont en arrête soutenues, à chacune des quatre travées de la crypte, par un gros boudin ogival sans moulures. Des faisceaux de colonnes accouplées, huit colonnes par pilier dans la partie antérieure de la crypte, quatre au rond-point, dissimulent la grosseur de ces piliers ; des chapiteaux les surmontent, représentant des feuillages fantastiques. Les murs des collatéraux sont postérieurs à la nef principale, et à juger par l'ornementation des chapiteaux des colonnes engagées qu'ils décorent, on peut affirmer que le mur du nord a été refait au XIIIe siècle et celui du sud au siècle suivant. Les piliers, arcades, voûtes du narthex ont été reconstruits au XVe siècle comme l'indiquent deux inscriptions. (Voir l'*Epigraphie santone*, pages 182-186), et avec les libéralités de Louis XI. L'abside de la nef principale fut reculée plus à l'est, l'an 1602, en même temps que l'on allongeait l'église haute où le sanctuaire devenait la nef.

Derrière l'autel, dans une excavation profonde, est placé le tombeau de saint Eutrope, apôtre de la Saintonge et martyr, objet d'un pélerinage très fréquenté le 30 avril, jour de sa fête, et le 14 octobre, anniversaire de sa translation. Il consiste en un sarcophage monolithe de forme triangulaire, fermé par un couvercle taillé en biseau. Sur un des petits côtés du couvercle est gravé en capitales romaines le mot EVTROPIVS. Ce curieux monument, découvert en 1843, a été, après un long et consciencieux examen, reconnu pour être le tombeau du martyr dont saint Pallais avait fait la translation au VIe siècle.

(Voir le *Mémoire* de M. Letronne, de l'Institut). Des souverains, un Pape, sont venus prier sur ce tombeau ; et Calixte II recommandait, au XIIe siècle, aux Anglais qui allaient à Saint-Jacques de Compostelle, en Galice, de ne point manquer de s'arrêter au tombeau de saint Eutrope, en Saintonge. Les rois, depuis Edouard III jusqu'à Louis XIV, entretenaient une lampe perpétuellement allumée.

Dans le transept sud on voit une large cuve baptismale fort curieuse, qui prouve que le baptême par immersion a duré longtemps. Dans la chapelle voisine est le puits, objet d'une gracieuse légende que nous ont conservée les Bollandistes.

L'église haute était l'église collégiale ; l'église basse, la paroisse. Elle s'étendait primitivement jusqu'à l'extrémité de la place. Après les dévastations calvinistes, on négligea de réparer les dégâts de la nef, ayant assez du sanctuaire et de la crypte. La nef resta donc un peu abandonnée. En 1602, on allongea l'église du chœur actuel. La vieille nef, qu'on a dit sans preuve avoir été une église de catéchumènes, se dégrada de plus en plus. En 1803, Guillemardet, ancien régicide devenu préfet de la Charente-Inférieure, sur la demande des paroissiens de Saint-Eutrope, fit, parce qu'un pilier menaçait ruine, démolir cette partie de l'édifice et niveler la place. En 1831, on remplaça la coupole byzantine du transept qui supportait le clocher primitif par une coupole barbare dont le curé s'est attribué le mérite par une inscription. On a bâti un mur dont l'ornementation, dit M. Charles Desmoulins, ni complétement égyptienne, ni grecque, ni romane, ni ogivale, ni moderne, peut être considérée comme le bilan de l'ignorance et de l'impuissance en matière de construction religieuse.

L'église haute est aussi un curieux spécimen d'architecture romane. La chapelle du transept à droite, dédiée à la Vierge, est du XVe siècle ; celle qui sert de base au clocher, avec ses crochets en choux frisés, offre les mêmes ornements que lui et a été construite en même temps. Il semble que le compartiment central où était la coupole byzantine soit du XIIe siècle ; à en juger par les quatre chapiteaux qui sont des plus remarquables. Ces chapiteaux, empâtés par le badigeon, mais admirablement fouillés, montrent des oiseaux perchés sur des lions qui se mordent la queue et dont ils becquètent les oreilles ; Daniel entre quatre lions dont deux lui lèchent les pieds ; le pèsement des âmes, de riches feuillages, etc. Quatre paires de piliers partagent en quatre travées la nef voûtée en berceau ogival. Les bas côtés, très étroits, sont ornés de courtes colonnes engagées dans le mur latéral. Les arcs-doubleaux, surbaissés et très saillants et ne décrivant qu'un quart de cercle, s'appuient sur les chapiteaux des hautes colonnes des piliers de la nef. Le sanctuaire actuel, qui date de 1602, a les caractères du style ogival flamboyant. Détournons nos regards de la chapelle Saint-Eutrope avec ses colonnes cachées sous le plâtre, ses sculptures simulées et ses enluminures de mauvais goût. Combien est urgente une restauration qu'exigent et la décence du culte et l'art outragé !

La tour de Saint-Eutrope, construite au xvᵉ siècle, flanque le côté gauche de l'église. Elle a 98 pieds de largeur, trois étages et 80 mètres de la base au sommet de la flèche. Eclairée par de grandes fenêtres sur l'arc desquelles se déploie tout le luxe du style flamboyant, elle est couronnée par une pyramide octogonale crochetée, qu'accompagnent à sa base quatre pyramidions. Quelle profusion d'ornements ! Louis XI qui vint plusieurs fois à Saintes, et qui avait voué un culte particulier au martyr Santon, donna de l'argent pour l'élever.

SAINT-PIERRE

La tour de Saint-Pierre a 245 marches et 58 mètres 65 centimètres d'élévation de la base au sommet de la coupole. Au lieu de sa disgracieuse calotte de plomb elle devait se terminer par une flèche de 120 pieds. Elle n'a jamais eu ce complément indispensable, et elle l'attendra longtemps. Monument inachevé. Le portail venait à peine d'être terminé et n'était pas tout-à-fait orné lorsque les Huguenots l'ont mutilé. Ils délibérèrent même de jeter le tout par terre. Coligny et d'Andelot sauvèrent le clocher, le réservant comme point défensif. L'église fut incendiée et démolie ; il ne resta que les bas côtés.

Le portail, que les savants attribuent à Charlemagne ainsi que l'église elle-même, est de la fin du xve siècle, l'église ayant été construite de 1460 à 1503. Il est, quoique mutilé et incomplet, des plus remarquables. C'est la seule partie à admirer de cette tour massive à six étages. Sous un grand arc ogival sont quatre rangées de voussures, toutes couvertes de ravissantes statuettes. Elles reposent sur des consoles et sont couronnées de dais entièrement à jour. C'est d'une délicatesse de ciseau extraordinaire ; on ne peut rien voir de plus artistement dessiné et de plus soigneusement fouillé. Quelle pureté dans ces détails ! Les ceps de vigne, les rameaux de chêne courent et circulent avec les feuilles et les fruits et aussi l'insecte qui s'en repaît. Ce sont vraiment des branches d'arbres que le sculpteur a transportées là, toutes vivantes. Quarante-deux figures décorent cette ogive ; des anges jouant de divers instruments et chantant ; des saints et saintes avec leurs attributs ; les prophètes, avec des versets de psaumes. Les costumes sont à étudier et aussi quelques-unes de ces figures qui certainement sont des portraits. Quel dommage que tout cela ait été si maltraité ! L'*Epigraphie santone*, pages 130-168, a étudié dans tous ses détails cette intéressante page d'architecture et de sculpture ogivales.

L'église cathédrale de Saint-Pierre, érigée en basilique mineure par Pie IX l'an 1870, comme l'indiquent deux inscriptions aux piliers du chœur, a été construite dans un marais où, au temps des persécutions, avaient été jetés des corps de martyrs. Brûlée dans un incendie qui consuma la ville en 1026, rebâtie en 1117 par Pierre de Confolens, évêque de Saintes, réédifiée par Guy et Louis de Rochechouart; jetée bas en 1568 par les protestants, elle fut relevée par Nicolas Lecornu de la Courbe de Brée en 1585, réparée en 1618 par Jacques Raoul de la Guibourgère, en 1654 par Louis de Bassompierre et en 1762 par Pierre de Lacoré. La cathédrale de Saintes a été la seconde église de l'univers dédiée à saint Pierre, comme le rapporte une bulle du pape Nicolas V (1451). C'est là qu'a commencé l'*Angelus;* et, fait remarquable, le premier et le dernier des évêques de Saintes sont deux martyrs : Eutrope au Ier siècle, et Pierre-Louis de La Rochefoucauld, massacré aux Carmes, à Paris, le 2 septembre 1792, *pro fide catholica necato*. Pour l'histoire du monument et de l'église, consulter l'ouvrage : *Saint-Pierre de Saintes, Cathédrale et Insigne basilique.*

Au point de vue archéologique, l'église Saint-Pierre n'offre maintenant qu'un médiocre intérêt. Le plus beau est ce qui n'existe plus. Le plan est celui d'une croix latine terminée à l'orient par une abside pentagonale ; des bas-côtés et des chapelles règnent tout le long de la nef et autour du chœur, datant du XVe siècle. Au transept de droite, on voit une belle coupole romane du XIIe siècle, seul reste de la construction de Pierre de Confolens. Au fond, derrière le chœur, est, ou plutôt était, une charmante chapelle de la Renaissance tout ornée d'arabesques, de culs-de-lampe, de pendentifs avec une fort belle Cène dont les personnages furent décapités en 1793. On peut remarquer l'escalier, *vis torte*, qui conduit aux combles, fort curieux comme construction ; puis à l'extérieur les hauts contreforts surmontés de clochetons crochetés, les hardis arcs-boutants découpés en galeries à ogives trilobées. D'après ces ruines on voit que la nef détruite avait de magniques dimensions et une ornementation extérieure de la plus grande richesse.

La maison voisine renferme l'ancienne église paroissiale Saint-Pierre où se faisaient les offices de la paroisse et les baptêmes des quatre paroisses de la ville *intra-muros*. Elle était distincte de Saint-Pierre cathédrale, réservée à l'évêque et au Chapitre.

Près de là, en face de l'Hôtel-de-Ville, est l'ancienne église paroissiale Saint-Maur, atelier de tonnellerie.

SOUS-PRÉFECTURE

La Sous-Préfecture a été bâtie sur l'ancien Évêché. A côté s'élevait la Salle synodale, monument du XVe siècle, et qui servit de salle d'assises. La Chapelle était remarquable. En 1841, pour élargir la rue, on a démoli le tout. Sur cette place, square tracé en 1875, Charles de Guienne avait, le 19 août 1459, juré fidélité à son frère Louis XI sur la croix de Saint-Laud, apportée d'Angers.

HOTEL-DE-VILLE

L'Hôtel-de-Ville est l'ancien Doyenné. Il a été détruit en partie par le feu au mois de novembre 1871 et reconstruit en 1874-75 sur les plans de M. Brouty, architecte à Paris, sous la direction de M. Fontorbe, architecte à Saintes. Il renferme le Musée de tableaux.

MUSÉE LEMERCIER

Au premier étage de l'Hôtel-de-Ville reconstruit est disposé le Musée de tableaux, composé presque exclusivement de toiles léguées à la ville par le comte Louis Lemercier, sénateur. Il s'augmente très lentement. On y voit quelques maîtres, surtout en copies : Breughel, Le Guide, Lenain, Lesueur,

Poussin, Rigaud, Primatice, Claude Lorrain, Salvator Rosa, Paul Poter, Rembrandt, etc. Il n'y a pas de livret.

LE COLLÉGE

Derrière la Sous-Préfecture et la Mairie est le Collége fondé par lettres patentes de Henri IV en 1608, grâce à l'intervention de Nicolas Pasquier, lieutenant général à Cognac, seigneur de Balanzac. Il fut confié aux Jésuites puis aux Bénédictins de Saint-Jean d'Angély pendant trois ans, puis à des prêtres séculiers jusqu'en 1791, où il eut pour principal l'antiquaire François-Marie Bourignon, colonel de la garde nationale. La Chapelle, grand parallélogramme sans caractère, était autrefois le Jeu-de-Paume.

LA PROVIDENCE

La Chapelle des religieuses de Saint-

Joseph de la Providence, refaite avec les murs de l'ancienne Chapelle qui n'était pas belle, est fort jolie, maintenant que M. Rullier, architecte, a passé par là. Elle est à voir, mais intérieurement.

HOSPICE ET HOPITAL

De la terrasse on jouit d'une vue splendide. Le pavilon central, qui date du XVIIIe siècle, est assez joli. Fondé par lettres patentes de Louis XIV, cet Hôpital a été enrichi des libéralités du marquis de Monconseil, seigneur de Tesson, Rioux, etc.

BIBLIOTHÈQUE

La Bibliothèque de Saintes, dévorée par les flammes avec la Mairie et les Archives, le 11 novembre 1871, est provisoirement placée dans l'ancienne salle de l'Échevinage, qui a servi en dernier lieu de Tribunal de commerce. Elle se compose d'environ 22 mille volumes dont 7 mille sauvés de l'incendie et trois mille achetés par la ville avec une partie des 55 mille francs reçus comme indemnité de la Compagnie d'assurances. Le reste, soit 12 mille, a été envoyé en dons de toutes parts, même de l'étranger (Italie, Canada). Le *Rapport* imprimé *sur la reconstitution de la Bibliothèque* fait l'historique de la Bibliothèque, indique les ouvrages rares ou précieux et les noms des donateurs.

Ce bâtiment est l'Échevinage; cette tour svelte qui date de 1582, est le beffroi municipal. La cloche continue à sonner chaque soir le couvre-feu, vieille habitude, comme si les portes de la ville allaient encore se fermer. Le Corps de ville, tous les samedis, s'assemblait dans cette grande salle pour délibérer sur les affaires de la Commune, et tous les ans, à la Saint-Hilaire, 13 janvier, élisait son maire, cérémonial intéressant raconté dans une *Élection au XVe siècle*. Les badauds regardent dans la tour un endroit où Mirabeau, lieutenant en garnison à Saintes, subit quelques arrêts forcés.

MUSÉE DES ANTIQUES

En 1832, les objets antiques découverts furent placés dans la cour du Doyenné. Chaudruc de Crazannes et Nicolas Moreau firent d'actives démarches pour qu'on leur donnât quelque part un asile. Vitet obtint de l'autorité municipale une salle pour ce Musée, et le Conseil général de la Charente-Inférieure vota des fonds pour leur transport dans ce nouveau local. En 1835, tout était dans le même état. « Il y a donc évidemment mauvais vouloir de la part de l'administration municipale, disait Arcisse de Caumont, dans le *Bulletin monumental*, t. I, p. 98, qui oppose à des délibérations formelles une force qui n'est souvent que trop puissante contre les mesures les plus utiles, je veux parler de la force d'inertie. Dans cet état de choses, il me paraît nécessaire de réclamer près de l'autorité supérieure... » Enfin, en 1841, le Musée du département de la Charente-Inférieure fut établi dans une des salles de l'Hôtel-de-Ville. Les fragments d'architecture gallo-romaine, confusément entassés sous un hangar dans la cour de la Bibliothèque publique, y furent déposés. Ce Musée, peu considérable et qui depuis vingt ans s'est à peine accru de trois ou quatre pierres, se compose en grande partie des fragments de sculpture antique, autels votifs, tombeaux, inscriptions, bas-reliefs, tirés des ruines de l'Acropole. Les fragments appartenant au Moyen-Age proviennent pour la plupart de la nef de l'église Saint-

Eutrope démolie. Les morceaux les plus importants sont des chapiteaux historiés de grande dimension, supérieurs par le travail et les compositions aux chapiteaux de ce qui reste de l'église. Il y a aussi quelques mosaïques provenant des Thermes de Saintes, des consoles de la salle Synodale, des débris de poteries, des échantillons des roches du département, et un médailler, don du comte Pierre de Bremond d'Ars. Pas de catalogue.

LES JACOBINS

Derrière le Musée et la Bibliothèque est l'ancien tribunal civil, jadis Palais-Royal. Il y a çà et là quelques belles ferrures.

Dans la rue de la Loi, on peut voir un débris de la chapelle des Jacobins, convertie en écurie et remise. Une fort élégante fenêtre du XVe siècle est à remarquer. Rien de plus délicat et de plus léger. Une inscription en lettres gothiques court autour de l'ogive, coupée par le toit bâti il y a six ans pour remplacer l'ancien qui s'était effondré subitement. L'*Épigraphie*, p. 180, la reproduit en entier.

Près de là, rue de la Loi, est la chapelle de l'institution ecclésiastique de Saint-Pierre, oratoire ogival, construit il y a quelque dix ans lorsque les missionnaires de Saint-Vincent de Paul, aujourd'hui desservant Saint-Eutrope, s'installèrent là dans un immeuble appartenant à l'Évêché.

SAINTE-COLOMBE

L'ancienne Église paroissiale Sainte-Colombe, aujourd'hui Chapelle des Carmélites, ruinée per les protestants, fut relevée grâce aux libéralités de Louis XIII, de l'intendant Hautier de

Villemontée, de l'évêque Raoul, dont les trois écussons sont sculptés aux clefs de voûtes. Bazar et halle pendant la Révolution, elle fut rachetée par l'abbé Briand qui la restaura bien, tout en mettant, par nécessité, la porte à la place de l'autel.

L'Eglise paroissiale Saint-Michel montre encore ses murs et un commencement de clocher dans la rue de son nom.

PALAIS DE JUSTICE

Sur le Cours National, place des Cordeliers, transformée en square, a été inauguré en 1865 le Palais de Justice, grand édifice en style franco-grec.

THÉATRE

En face, le théâtre ; petite salle, petite façade, petites statues. Il occupe la place des anciennes halles.

SAINT-VIVIEN

Le Théâtre, le Palais de Justice et l'église Saint-Vivien sont du même style, quoique consacrés tous trois à des usages différents. Pour cette malencontreuse construction, le curé Louis-Jean-Charles Daunas, mort en 1851, dépensa sa vie et ses ressources. Au-dessus de la porte d'entrée, on a sculpté les armes des Raoul, famille Nantaise, qui a fourni à Saintes deux évêques au XVIIe siècle.

Saint-Vivien était un ancien prieuré qui compte parmi ses prieurs commandataires le fameux Brantôme.

PRISON

La prison remplace un ancien monastère de Clarisses, fondé en 1624, par Françoise de Cérizay, veuve de Charles de Dreux, ancêtre des Dreux-Brezé, dont le corps repose dans les caveaux qui s'étendent sous la place. La Prison, achevée en 1833, a coûté 140,000 francs; elle a deux quartiers, celui des hommes et celui des femmes, pouvant contenir 60 ou 80 personnes.

HARAS

Le Haras, à l'extrémité du faubourg Satnt-Pallais, est un spacieux établissement qui contient quelques chevaux. Il a été bâti en 1849.

ITINÉRAIRE

Pour faire une excursion a travers Saintes, on pourra suivre l'itinéraire suivant, qui n'obligera pas à trop revenir sur ses pas.

Cours National, Palais de Justice, Théâtre, le Capitole, l'Hòpital civil, la la Chapelle de la Providence, Saint-Vivien, l'Hôpital de la Marine, Saint-Saloine, le Cimetière, les Arènes, Saint-Eutrope, la place Blair, le Collége, les Jacobins, le Musée des Antiques, Sainte-Colombe, rue Saint-Michel, où a habité La Chalotais, interné à Saintes, Saint-Pierre, la Sous-Préfecture, l'Hôtel-de-Ville, où est le Musée Lemercier, le Quai, le Pont, la statue de Palissy, l'Arc-de-Triomphe, les Prisons, Saint-Pallais, Sainte-Marie, le Haras, la Gare.

ENVIRONS DE SAINTES

Si l'on ne veut pas se contenter de voir la ville elle-même, si l'on veut faire quelque excursion dans la banlieue ou même un peu plus loin, voici ce qu'il y a à visiter.

On suit le quai Palissy, le quai des Roches et après le moulin de Lucérat on trouve le petit manoir de Disconche, avec son portail du XVIe siècle et son pavillon du XVIIe. Il domine la vallée de la Charente, bien posé sur son coteau. Après les Gonds, on arrive à Courcoury. Examiner le tumulus et se faire raconter la légende. Les débris romains y abondent. On revient par Chaniers dont on admire l'église fortifiée. Le Port-Tublier est tout près, maison de campagne qui a été habitée par le chansonnier Piis.

Sur la route de Saint-Jean d'Angély, la Vieille-Verrie, où Palissy fit cuire ses premiers essais, puis Vénérand avec le château des Bremond d'Ars. Voir la fontaine de Vénérand, fort curieuse, qui fournissait des eaux à l'aqueduc de Saintes. Le Douhet n'est pas loin. L'église du XIIe siècle est une des plus curieuses de la banlieue. Elle mérite d'être vue. Château du XVIIIe siècle, habité par les Pons, marquis de Thors, par des évêques de Saintes comme maison de campagne, par un doyen du Chapitre, Delaage, par Mathieu Faure, enterré là le 23 mai 1832, dont la fille le transmit à la famille d'Argenson. Le parc, dessiné à la française, est surtout remarquable; l'Aqueduc le traverse et lui fournit des eaux en abondance. De là, on va visiter le Gros-Roc, qui a inspiré plus d'un paysagiste, puis Saint-Vaize. On arrive à Bussac, château du XVIIIe siècle, de Du Paty de Clam, président au parlement de Bordeaux, l'auteur des *Lettres sur l'Italie*. On peut suivre la vallée jusqu'à Fontcouverte; c'est la plus délicieuse promenade qu'on puisse faire. On ne s'étonne pas que la légende ait mis là Fénelon pour y composer les poétiques descriptions de son *Télémaque*. La fontaine de Fontcouverte est à voir, surtout les Arcs qui portaient l'aqueduc d'une vallée à l'autre. Taillebourg est à 12 kilomètres sur la route de Saintes à Rochefort par Saint-Savinien. Station de chemin de fer. Du vieux Taillebourg restent l'emplacement du château fort bien campé sur la hauteur dominant la Charente, puis une tour couverte de lierre, qui est de l'effet le plus pittoresque. Le pont de Saint-Louis n'existe plus, mais la chaussée de Saint-James traverse encore la vallée. Suivez-la jusqu'au village de Saint-James. Tout près est le Port-d'Envaux, joli petit bourg; à côté le château de

Panloy, qui appartient au marquis de Grailly. Grand parc, hauts arbres, pelouses vertes, eaux vives partout, vue admirable. Il touche au château de Crazannes, fort beau, malgré de regrettables mutilations. La partie appelée le vieux château est surtout à étudier Les sculptures, les personnages qui ornent la porte d'entrée notamment, sont d'un bon style : guerriers vètus de cotes de mailles, armés de massues; écuyers portant fanions; écussons martelés, etc. Un peu plus loin est Geay. L'église romane est classée au nombre des monuments historiques et le mérite, fort bien conservée. Le château, grande masse dépouillée de tous ses caractères, est sur la hauteur. A 5 ou 6 kilomètres est le château de La Roche-Courbon, qui a pris son nom des Saint-Légier de Courbon-Blénac. Il est à 2 kilomêtres de la route de Rochefort à Saintes. Château fort; il a été remanié au XVIe siècle et n'est plus devenu qu'une maison de plaisance fort grandiose et d'un bel air, surtout du côté de la vallée. Il y a deux belles tours rondes avec consoles, toits coniques, une grande terrasse entourée de balustrades, sur laquelle s'ouvrent de larges fenêtres, et supportée par trois arcades cintrées. N'oublions pas les grottes, excavations immenses taillées dans le roc, où ce qu'on appelle la science pré-historique aurait beaucoup à découvrir. L'église de Saint-Porchaire est du XIIIe, du XIVe et du XVIe siècles. Il faut y jeter un coup d'œil : car il y a d'intéressantes parties.

ARMES DE LA VILLE

La ville de Saintes porte : *De gueules au pont de trois arches d'argent sur une rivière de même, supportant trois tours couvertes, girouettées, mouvant du 1er, au 2e une porte de ville, flanquée de deux tours crénelées et girouettées, le tout d'argent ; au chef cousu d'azur, chargé de trois fleurs de lys d'or.* Couronne de comte ; Tenants : un chevalier et un vendangeur. Devise : AVLTRE NE VEVX.

TABLE

Saintes, imp. P. Orliaguet, quai des Récollets.

www.ingramcontent.com/pod-product-compliance
Ingram Content Group UK Ltd.
Pitfield, Milton Keynes, MK11 3LW, UK
UKHW022124260726
13993UKWH00003B/1222

9 782329 172729